Je m'appelle

____

Nous sommes ouverts à toute amélioration alors n'hésitez pas à nous contacter à l'adresse email suivante :

hello@editions-jolimonde.fr

Nous vous répondrons avec plaisir !

Imprimé par Amazon,
Avec l'autorisation des Éditions Joli Monde

ISBN : 9798681261919

ANIMAUX - ANIMALS

G	C	T	A	S	P	R	R	Z	Y
U	A	P	X	F	U	E	X	C	J
S	N	O	T	N	M	B	B	B	V
T	A	U	Q	T	W	J	U	H	B
A	R	L	W	Z	S	E	L	X	D
U	I	E	I	K	L	Q	L	O	P
R	Y	A	P	C	A	N	A	R	Y
E	T	J	I	R	H	C	Y	I	Y
A	C	Y	G	I	V	V	H	E	N
U	W	J	I	C	O	C	H	O	N

POULE HEN

TAUREAU BULL

COCHON PIG

CANARI CANARY

2

FRUITS - FRUITS

B	A	N	A	N	A	M	H	S	N
J	P	D	P	S	P	F	T	A	P
A	P	J	P	S	Y	R	B	P	O
B	I	L	L	A	A	U	A	R	M
R	S	I	E	Z	P	I	N	I	M
I	S	P	X	D	Z	T	A	C	E
C	V	Z	F	M	M	J	N	O	Z
O	D	Y	R	E	X	Z	E	T	W
T	X	H	G	G	F	R	U	I	T
S	B	B	Y	F	L	Z	Y	N	N

FRUIT FRUIT

BANANE BANANA

POMME APPLE

ABRICOT APRICOT

COULEURS - COLOURS

3

T	G	O	L	D	E	N	N	B	H
J	T	Z	R	K	M	H	M	B	S
B	T	P	Y	G	I	F	A	D	S
X	Y	I	R	R	R	H	R	O	P
T	G	N	G	I	O	Q	R	R	Q
M	W	K	N	S	S	S	O	É	I
T	G	R	E	Y	E	N	N	I	B
G	A	Z	O	U	Y	Y	N	P	A
U	N	A	B	R	O	W	N	P	Y
W	M	C	P	O	Y	L	E	W	O

ROSE PINK

GRIS GREY

MARRON BROWN

DORÉ GOLDEN

4 MOIS - MONTHS

C	Q	G	G	I	U	V	H	S	O
G	J	A	N	U	A	R	Y	J	D
E	M	A	R	C	H	N	S	A	F
X	B	W	C	J	A	K	H	N	E
T	A	H	U	L	T	R	S	V	B
S	V	A	W	F	W	S	G	I	R
P	R	G	K	B	X	T	Y	E	U
A	I	Y	A	P	R	I	L	R	A
W	L	F	É	V	R	I	E	R	R
X	M	A	R	S	J	I	Z	L	Y

JANVIER JANUARY

FÉVRIER FEBRUARY

MARS MARCH

AVRIL APRIL

ANIMAUX - ANIMALS

5

R	C	R	K	S	E	O	V	Y	O
Q	S	C	C	R	L	Q	A	I	C
C	F	L	H	C	O	Q	C	U	V
H	V	M	I	R	Z	W	H	Q	K
I	X	A	E	A	C	T	E	V	I
C	B	W	N	D	O	G	L	D	C
K	T	P	O	U	S	S	I	N	O
S	K	O	D	J	I	G	S	T	C
U	Q	B	G	H	C	J	Z	F	K
I	C	O	W	L	D	M	F	R	B

POUSSIN CHICK

COQ COCK

VACHE COW

CHIEN DOG

6 FRUITS - FRUITS

P	E	A	R	Q	Z	I	M	X	U
M	G	S	X	L	N	Q	E	C	Q
E	N	P	O	I	R	E	L	E	H
L	L	C	Q	K	R	Z	O	R	Y
O	Q	H	F	D	Z	O	N	I	P
N	C	H	E	R	R	Y	P	S	Ê
J	O	V	Y	D	Y	U	E	E	C
H	H	U	H	U	V	U	A	E	H
Z	B	X	X	R	Y	B	C	H	E
N	Q	B	J	W	N	Z	H	Y	B

CERISE CHERRY

POIRE PEAR

MELON MELON

PÊCHE PEACH

INSECTES - INSECTS

S	F	M	J	Q	W	V	W	Z	U
M	G	P	A	P	I	L	L	O	N
A	B	E	I	L	L	E	Y	U	E
L	S	K	W	Q	Q	C	F	A	Z
C	A	P	N	I	O	I	O	N	U
I	C	E	B	E	E	G	U	T	T
C	K	D	U	U	G	A	R	J	P
A	F	L	T	K	O	L	M	K	V
D	K	J	Z	M	L	E	I	N	P
A	B	U	T	T	E	R	F	L	Y

FOURMI ANT

ABEILLE BEE

PAPILLON BUTTERFLY

CIGALE CICADA

8 ANIMAUX - ANIMALS

C	A	T	U	V	O	U	X	S	A
W	B	J	S	T	W	X	T	L	V
E	H	A	M	S	T	E	R	K	R
H	H	Q	G	Y	N	F	X	C	B
A	O	C	Q	W	H	I	X	N	W
M	R	H	P	O	I	S	S	O	N
S	S	A	G	M	G	H	C	U	D
T	E	T	H	S	E	C	A	T	U
E	U	M	W	N	U	V	S	C	M
R	X	N	C	H	E	V	A	L	H

POISSON FISH

HAMSTER HAMSTER

CHEVAL HORSE

CHAT CAT

JOURS - DAYS

9

E	S	W	V	F	R	I	D	A	Y
X	M	E	M	V	G	D	D	Q	T
N	E	D	O	E	G	X	V	G	U
T	R	N	N	N	A	C	T	I	E
T	C	E	D	D	O	M	I	R	S
E	R	S	A	R	R	L	F	B	D
F	E	D	Y	E	Q	U	H	J	A
L	D	A	Z	D	S	N	N	E	Y
A	I	Y	L	I	O	D	R	O	Z
A	M	A	R	D	I	I	Q	X	G

LUNDI MONDAY

MERCREDI WEDNESDAY

VENDREDI FRIDAY

MARDI TUESDAY

10 ANIMAUX - ANIMALS

P	P	K	Z	P	M	A	B	N	U
M	Y	P	D	V	D	V	G	M	P
O	A	A	S	X	V	E	X	G	E
U	A	R	O	Z	V	K	K	P	R
S	O	R	U	P	O	N	Y	O	R
E	Y	O	R	H	K	Z	R	N	O
V	W	T	I	T	C	J	K	E	Q
D	Y	G	S	G	L	C	N	Y	U
W	W	R	P	D	E	M	U	L	E
X	M	U	L	E	T	B	H	L	T

SOURIS MOUSE

MULET MULE

PERROQUET PARROT

PONEY PONY

LÉGUMES - VEGETABLES 11

G	V	E	G	E	T	A	B	L	E
T	O	M	A	T	O	T	N	Y	S
T	O	M	A	T	E	J	N	C	W
P	W	F	O	Z	C	R	O	A	L
A	W	D	G	U	C	V	K	R	É
B	N	D	F	K	F	A	D	O	G
B	E	A	N	J	J	E	X	T	U
B	O	C	C	A	R	R	O	T	M
H	P	E	C	U	N	C	T	E	E
E	H	A	R	I	C	O	T	X	D

LÉGUME VEGETABLE

TOMATE TOMATO

HARICOT BEAN

CAROTTE CARROT

12 ANIMAUX - ANIMALS

B	N	Q	L	E	T	M	E	U	V
L	O	G	I	S	O	I	D	V	H
L	N	X	Z	U	R	L	H	N	F
L	T	Y	A	Q	T	É	X	D	K
A	F	Z	R	F	U	Z	S	D	B
M	L	M	D	C	E	A	R	G	Q
A	Y	J	B	A	Q	R	B	G	L
M	O	U	C	H	E	D	F	Q	A
Y	X	O	A	T	K	N	U	X	M
J	K	T	U	R	T	L	E	I	A

TORTUE **TURTLE**

MOUCHE **FLY**

LÉZARD **LIZARD**

LAMA **LLAMA**

COULEURS - COLOURS 13

M	D	M	E	V	I	O	L	E	T
P	M	R	E	V	F	G	B	R	L
O	Z	J	U	W	I	B	L	Q	F
F	O	R	A	N	G	E	A	T	P
D	R	O	B	R	G	L	C	M	U
Q	A	V	L	O	R	F	K	I	R
J	N	B	U	L	N	O	I	R	P
L	G	G	E	C	N	E	P	B	L
W	E	T	D	Y	B	L	E	U	E
V	Q	Z	S	W	T	R	E	Q	Y

NOIR BLACK

BLEU BLUE

ORANGE ORANGE

VIOLET PURPLE

14 MOIS - MONTHS

A	H	W	G	P	F	P	O	E	B
H	B	Q	D	J	C	U	K	Y	J
X	K	M	A	Y	P	W	P	B	U
P	A	J	A	U	T	I	M	Y	L
R	J	U	U	L	H	N	A	S	Y
Y	U	I	G	C	I	Q	I	D	A
L	I	L	U	D	J	U	N	E	H
E	N	L	S	N	L	C	V	V	U
Y	K	E	T	R	O	Z	C	F	R
F	B	T	F	N	A	O	Û	T	B

MAI MAY

JUIN JUNE

JUILLET JULY

AOÛT AUGUST

ANIMAUX - ANIMALS

O	U	R	S	K	G	N	S	G	E
R	T	R	A	B	B	I	T	H	B
J	Q	B	G	Z	A	K	C	Q	S
M	S	B	E	S	T	M	H	L	I
O	L	K	Z	N	S	B	A	A	N
N	C	O	Z	D	W	Z	M	P	G
K	A	O	D	Z	H	H	E	I	E
E	M	B	E	A	R	H	A	N	O
Y	E	P	T	Q	I	O	U	R	Y
H	L	O	B	D	Z	V	D	X	V

SINGE **MONKEY**

LAPIN **RABBIT**

CHAMEAU **CAMEL**

OURS **BEAR**

16 NATURE - NATURE

F	F	M	O	O	N	B	V	N	U
L	I	F	L	E	U	R	W	P	W
O	U	L	Z	J	T	J	D	W	R
W	H	U	Y	K	F	B	X	X	A
E	E	N	V	Q	L	I	G	K	B
R	P	E	I	P	L	A	G	E	E
D	E	N	S	O	L	E	I	L	A
B	S	Z	Z	E	S	U	N	E	C
R	X	T	R	K	N	X	R	H	H
W	L	C	L	O	T	Y	V	U	V

SOLEIL SUN

LUNE MOON

PLAGE BEACH

FLEUR FLOWER

CHIFFRES - NUMBERS

L	Q	N	A	T	W	O	D	S	S
Q	T	H	R	E	E	W	E	N	Q
W	X	I	A	O	N	E	U	I	R
X	Z	B	B	W	F	Y	X	A	L
T	E	W	R	E	O	N	S	G	O
R	D	C	A	Q	U	A	T	R	E
O	O	I	E	M	R	G	E	Z	L
I	I	R	K	F	A	K	W	Q	R
S	J	N	W	L	C	U	N	J	T
Q	O	T	W	E	G	P	I	A	A

UN ONE

DEUX TWO

TROIS THREE

QUATRE FOUR

18 ANIMAUX - ANIMALS

C	O	R	K	M	D	U	C	K	B
H	L	O	I	C	A	N	A	R	D
I	V	O	V	L	O	U	P	L	O
C	U	S	D	I	X	O	C	G	V
K	F	T	P	P	Z	O	W	N	L
E	G	E	Q	O	W	C	O	D	N
N	N	R	C	U	K	O	L	Z	R
X	C	J	S	L	J	Q	F	C	P
N	Y	P	S	E	C	A	Q	D	J
U	J	K	O	T	U	G	S	Q	L

POULET CHICKEN

CANARD DUCK

LOUP WOLF

COQ ROOSTER

PAYS - COUNTRIES

Z	H	F	R	A	N	C	E	B	X
B	D	D	U	A	X	Z	S	E	Q
E	C	A	N	U	Q	M	H	L	F
L	B	R	É	S	I	L	Z	G	R
G	A	U	S	T	R	A	L	I	A
I	V	M	J	R	Q	L	P	U	N
Q	Z	B	R	A	Z	I	L	M	C
U	K	Y	Z	L	J	V	G	E	E
E	M	F	U	I	Q	W	I	B	R
H	H	W	G	E	R	F	K	X	Z

AUSTRALIE AUSTRALIA

FRANCE FRANCE

BELGIQUE BELGIUM

BRÉSIL BRAZIL

20 VÊTEMENTS - CLOTHES

M	R	C	O	A	T	T	Z	H	W
S	S	S	H	I	R	T	C	M	M
H	H	S	K	I	R	T	H	A	Y
D	H	M	O	J	I	J	E	N	A
I	V	K	T	I	A	S	M	T	A
L	T	S	J	U	P	E	I	E	P
L	I	E	O	E	E	L	S	A	A
N	C	T	H	T	T	K	E	U	N
P	A	N	T	A	L	O	N	S	T
T	X	U	C	J	E	T	W	T	S

PANTALON PANTS

JUPE SKIRT

MANTEAU COAT

CHEMISE SHIRT

NATURE - NATURE

A	R	Q	Z	I	Q	M	X	Y	N
N	E	D	C	N	Y	W	K	Q	U
I	L	A	K	E	N	I	G	O	X
M	Z	L	D	L	A	C	A	V	E
A	H	I	L	L	G	S	F	B	G
U	G	R	O	T	T	E	U	S	J
X	Y	K	A	I	T	M	W	S	J
C	O	L	L	I	N	E	A	P	G
P	B	V	S	K	X	P	P	V	B
Y	Z	Y	A	N	I	M	A	L	S

ANIMAUX ANIMALS

GROTTE CAVE

COLLINE HILL

LAC LAKE

22 CHIFFRES - NUMBERS

S	V	S	E	P	T	S	G	Q	F
O	V	B	O	O	Y	E	S	I	X
C	G	X	L	U	O	V	I	E	W
I	O	H	J	H	R	E	P	I	C
N	E	R	Z	U	F	N	E	G	O
Q	R	F	Z	I	Y	Q	Z	H	P
P	C	I	O	T	D	J	C	T	B
Z	F	V	S	R	C	J	S	J	B
D	R	E	K	S	I	N	I	B	X
P	Y	B	N	V	V	M	X	I	D

CINQ FIVE

SIX SIX

SEPT SEVEN

HUIT EIGHT

PAYS - COUNTRIES

G	D	A	M	E	R	I	C	A	O
E	H	G	V	H	J	I	J	B	A
R	Q	K	Y	P	Y	G	A	I	L
M	Z	Z	O	B	T	B	P	I	L
A	K	C	G	Q	R	K	A	D	E
N	J	A	P	O	N	E	N	W	M
Y	W	V	F	S	F	I	O	J	A
Z	F	W	A	C	H	I	N	E	G
F	A	M	É	R	I	Q	U	E	N
Y	C	A	B	C	H	I	N	A	E

ALLEMAGNE GERMANY

AMÉRIQUE AMERICA

JAPON JAPAN

CHINE CHINA

24 NATURE - NATURE

B	I	M	O	U	N	T	A	I	N
K	M	O	N	T	A	G	N	E	Z
H	Y	P	L	U	I	E	S	S	I
R	Z	I	S	I	U	X	J	C	O
A	M	V	V	H	U	Y	B	E	I
I	A	J	X	C	C	E	Y	N	Y
N	R	W	P	E	H	E	R	B	E
N	F	D	I	G	G	R	A	S	S
Z	G	R	I	V	I	È	R	E	L
V	W	R	I	V	E	R	O	G	T

MONTAGNE MOUNTAIN

HERBE GRASS

PLUIE RAIN

RIVIÈRE RIVER

MOIS - MONTHS

S	G	P	E	O	Y	Z	R	G	U
E	D	S	O	C	T	O	B	R	E
P	S	E	P	T	E	M	B	E	R
T	N	A	Q	O	D	K	B	I	D
E	C	A	X	B	T	A	Y	R	A
M	D	E	C	E	M	B	E	R	Q
B	Z	B	C	R	C	J	A	G	M
R	G	D	E	C	E	M	B	R	E
E	N	O	V	E	M	B	E	R	L
N	O	V	E	M	B	R	E	L	J

SEPTEMBRE **SEPTEMBER**

OCTOBRE **OCTOBER**

NOVEMBRE **NOVEMBER**

DÉCEMBRE **DECEMBER**

Solutions

1 Animaux - Animals

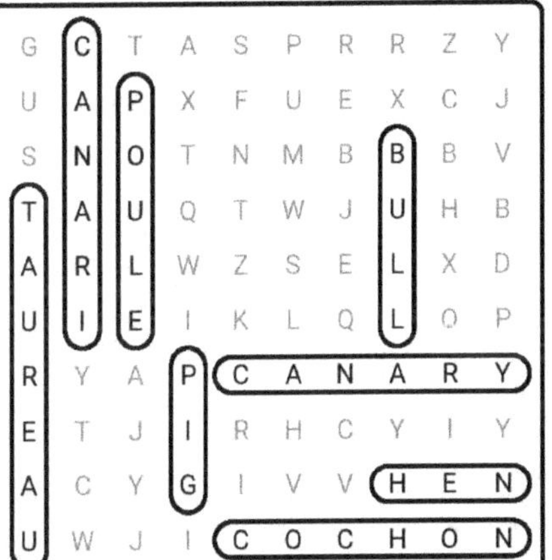

2 Fruits - Fruits

B	A	N	A	N	A	M	H	S	N
J	P	D	P	S	P	F	T	A	P
A	P	J	P	S	Y	R	B	P	O
B	I	L	L	A	A	U	A	R	M
R	S	I	E	Z	P	I	N	I	M
I	S	P	X	D	Z	T	A	C	E
C	V	Z	F	M	M	J	N	O	Z
O	D	Y	R	E	X	Z	E	T	W
T	X	H	G	G	F	R	U	I	T
S	B	B	Y	F	L	Z	Y	N	N

3 Couleurs - Colours

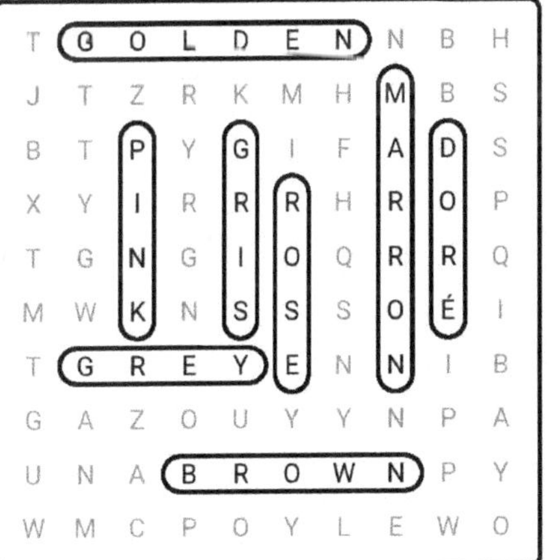

4 Mois - Months

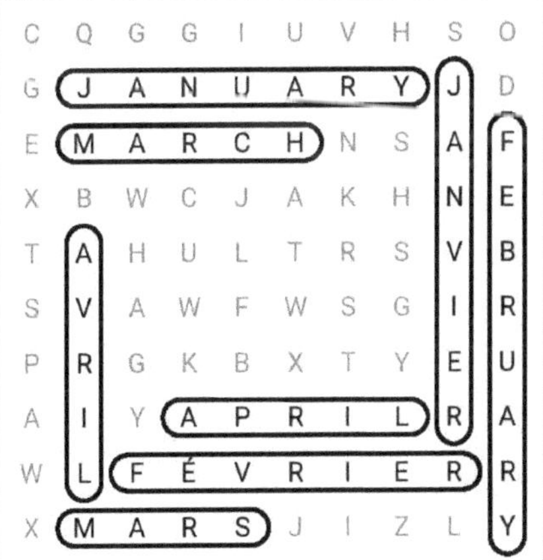

5 Animaux - Animals

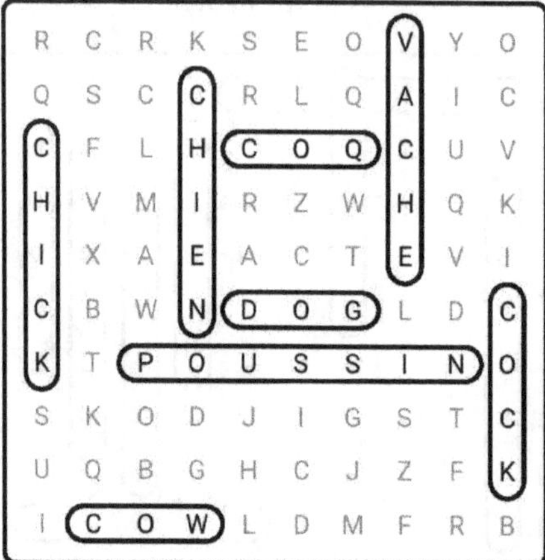

6 Fruits - Fruits

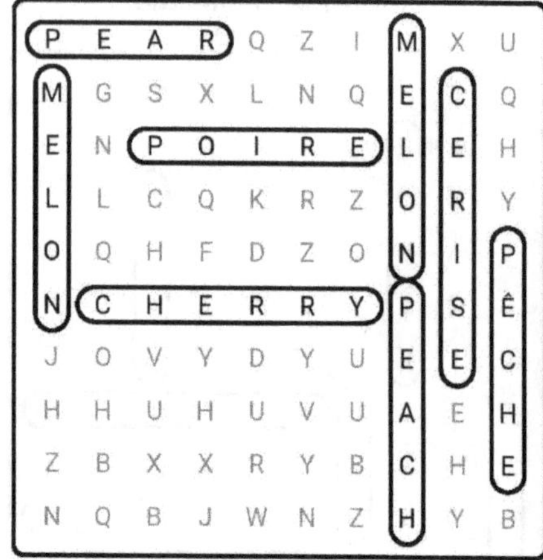

7 Insectes - Insects

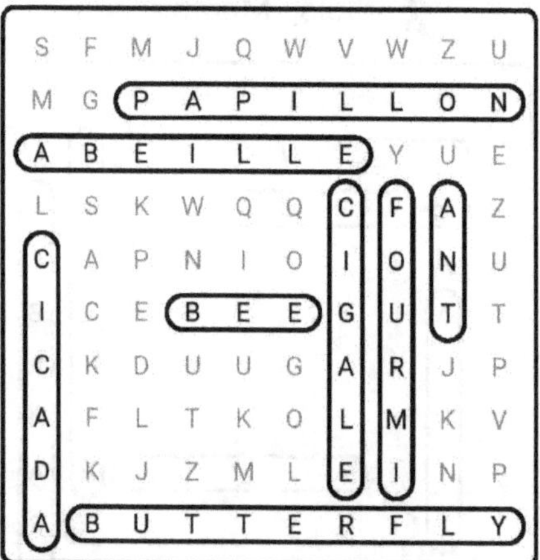

8 Animaux - Animals

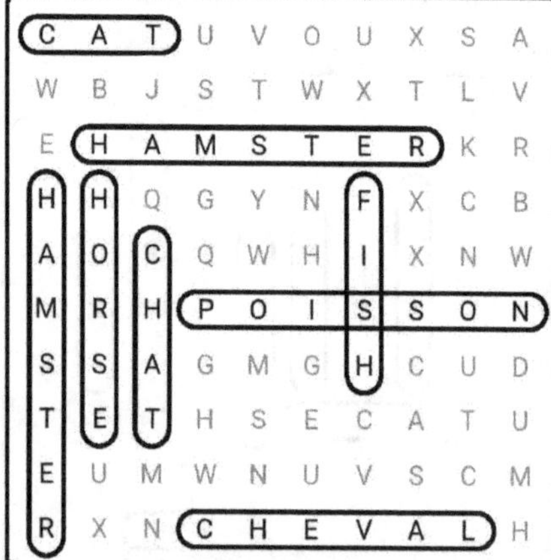

9 Jours - Days

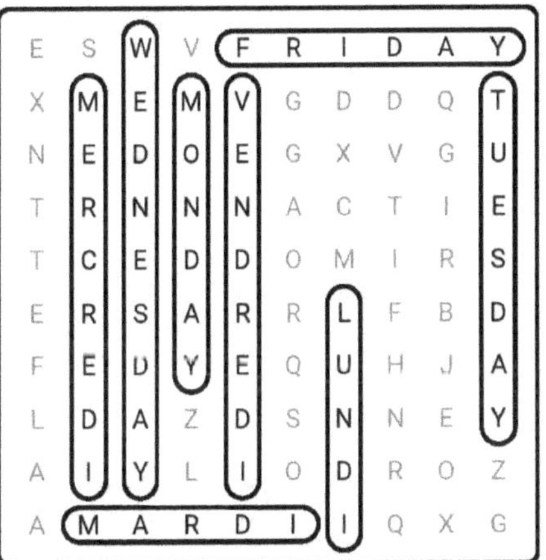

10 Animaux - Animals

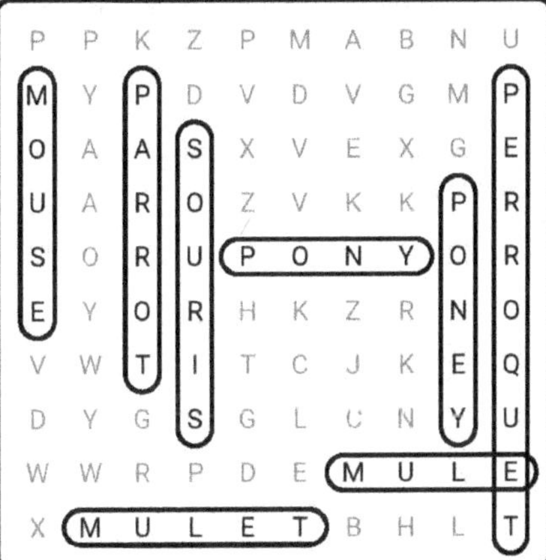

11 Légumes - Vegetables

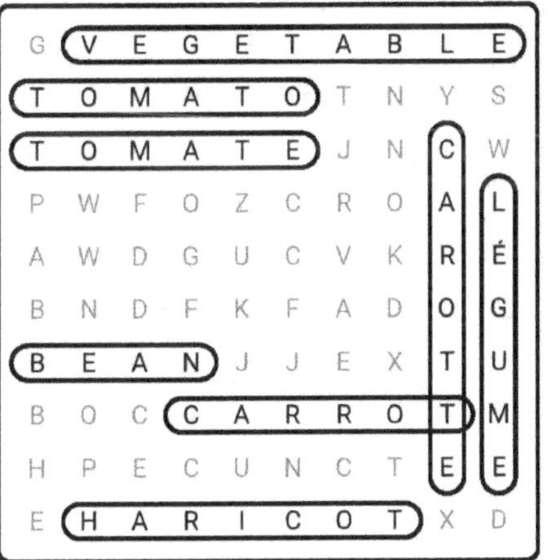

12 Animaux - Animals

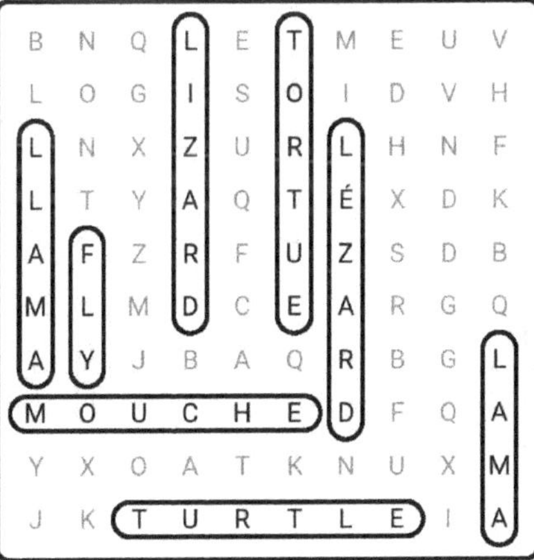

13 Couleurs - Colours

14 Mois - Months

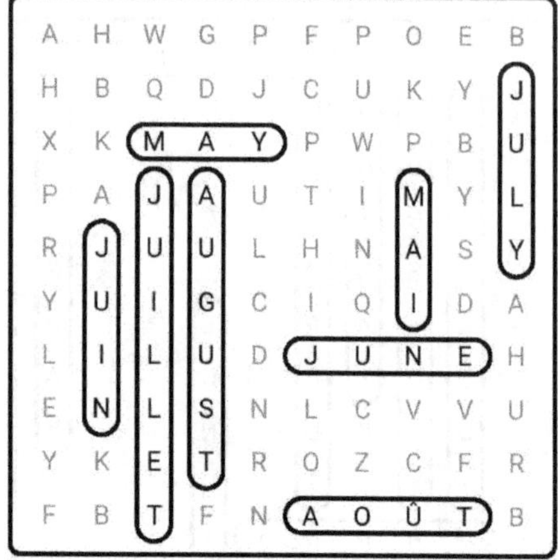

15 Animaux - Animals

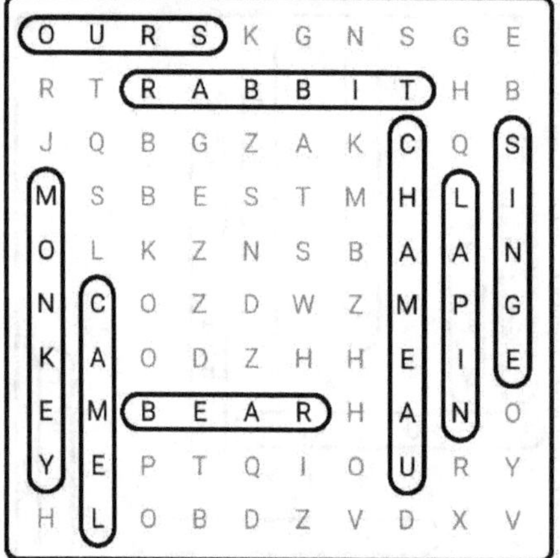

16 Nature - Nature

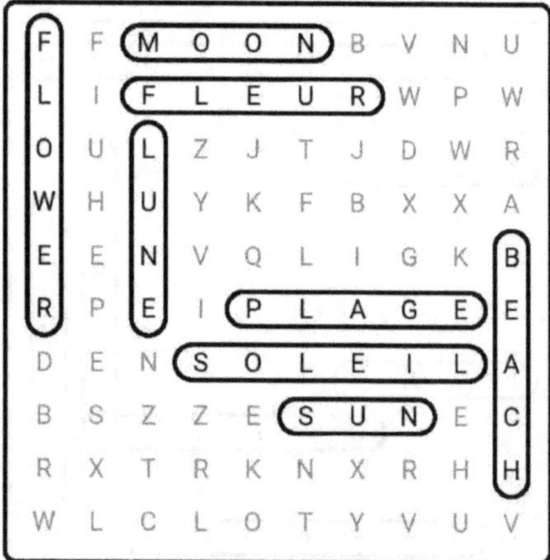

17 Chiffres - Numbers

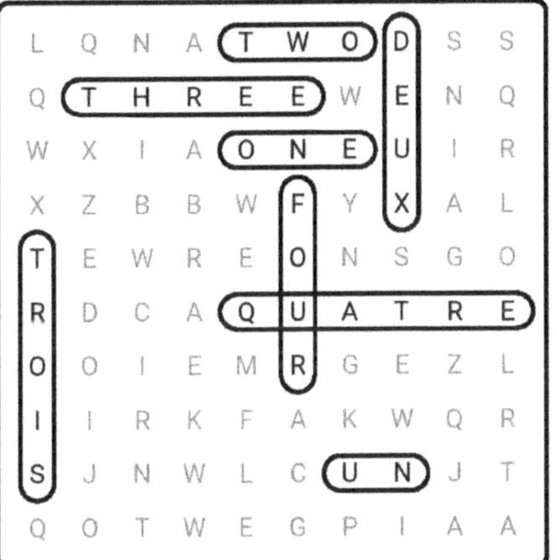

18 Animaux - Animals

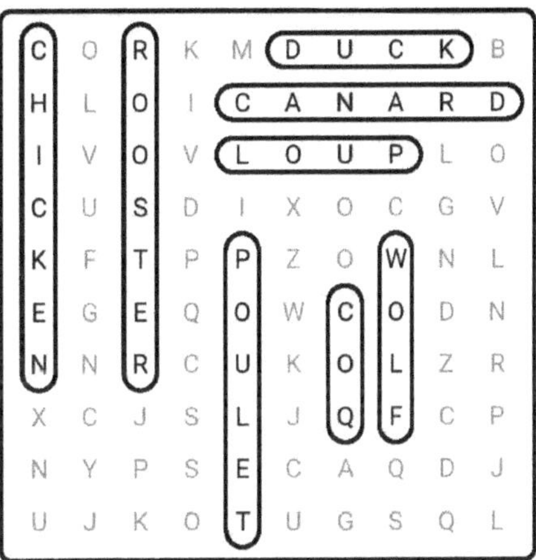

19 Pays - Countries

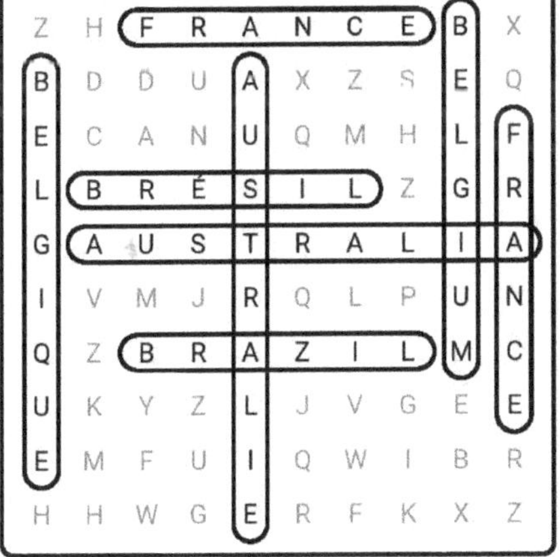

20 Vêtements - Clothes

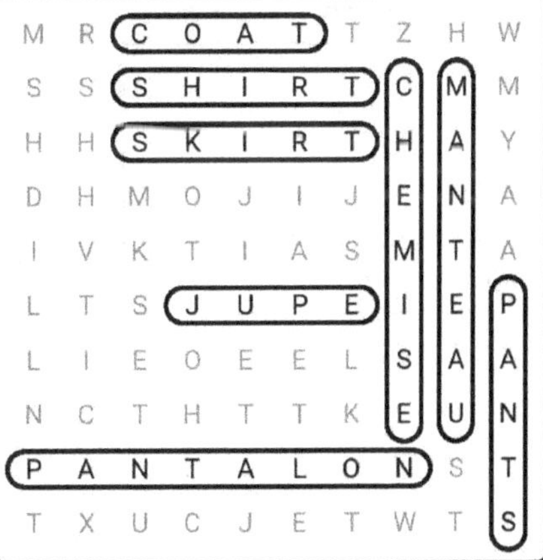

21 Nature - Nature

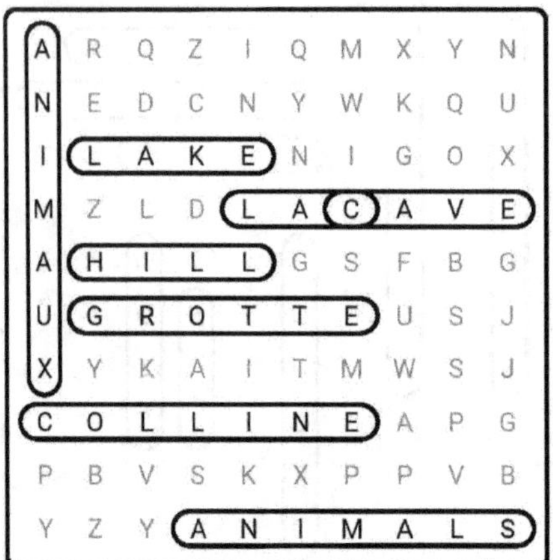

22 Chiffres - Numbers

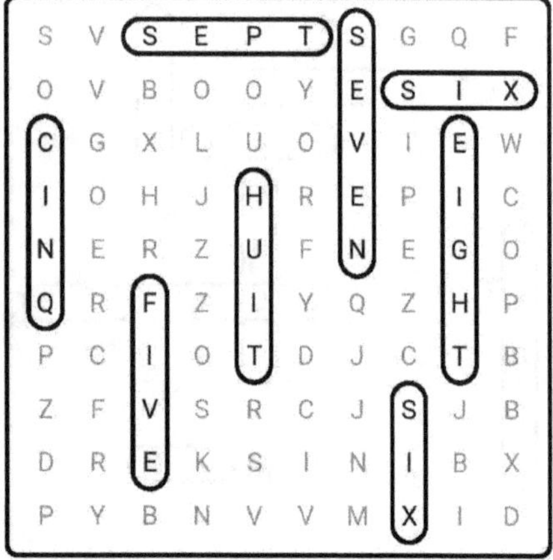

23 Pays - Countries

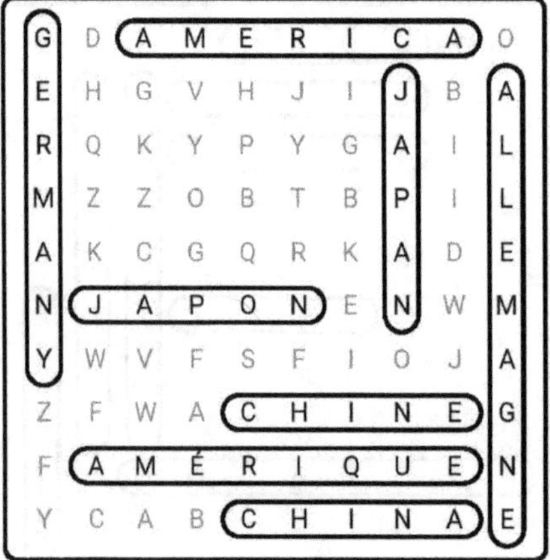

24 Nature - Nature

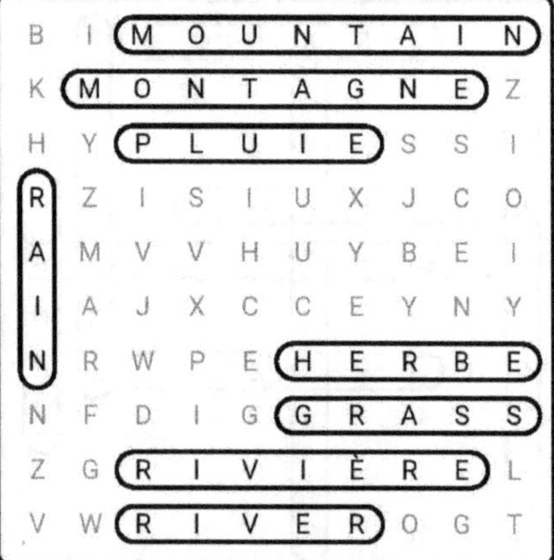

25 Mois - Months

S	G	P	E	O	Y	Z	R	G	U
E	D	S	O	C	T	O	B	R	E
P	S	E	P	T	E	M	B	E	R
T	N	A	Q	O	D	K	B	I	D
E	C	A	X	B	T	A	Y	R	A
M	D	E	C	E	M	B	E	R	Q
B	Z	B	C	R	C	J	A	C	M
R	G	D	E	C	E	M	B	R	E
E	N	O	V	E	M	B	E	R	L
N	O	V	E	M	B	R	E	L	J

www.ingramcontent.com/pod-product-compliance
Lightning Source LLC
LaVergne TN
LVHW050504160826
845677LV00003B/925

* 9 7 9 8 6 8 1 2 6 1 9 1 9 *